I0472919

COMO CRIAR

UMA OFERTA
IRRESISTÍVEL

Que Atinja em Cheio a Expectativa e Necessidade dos Seus Clientes

Leandro Mesquita

COMO CRIAR UMA OFERTA IRRESISTÍVEL

E ATINJA EM CHEIO A EXPECTATIVA E NECESSIDADE DOS SEUS CLIENTES

Você Não Precisa Ser Conhecido Ou Ter Milhares de Seguidores, Você Só Precisa Ter Uma Boa Oferta Que Atinja Em Cheio a Necessidade de Seus Clientes

INTRODUÇÃO

Olá, tudo bem?

Meu objetivo neste ebook é tratar o assunto mais importante na minha opinião para quem tem ou para quem está pensando em lançar um negócio e alavancá-lo através da internet.

Hoje em dia vejo muita gente falando sobre técnicas de marketing digital, vendas, muitos jargões e metodologias mirabolantes, **mas vejo pouca gente falando sobre as coisas simples e óbvias que realmente funcionam na vida real.**

Durante os meus últimos oito anos atuando como consultor de marketing para empresas, descobri que o erro mais comum dos departamentos comerciais e de vendas estavam em sua **oferta**!

Na internet o problema é ainda maior. Vejo muita gente batendo a cabeça e divagando sobre técnicas de copywriting, criação de conteúdo, gestão de tráfego pago em Facebook, Google Adwords etc. mas vejo realmente poucas pessoas falando do primordial, do que vem antes disso tudo. A forma como você oferta o seu produto ou serviço no mercado.

Claro que cada componente é importante, mas quem não segue as premissas, quem pula etapas, uma hora ou outra acaba tendo que voltar para corrigir o processo.

A **oferta** é a coisa mais importante do seu negócio. Ela é mais importante até do seu o seu próprio produto ou serviço.

Pare para pensar, quando você compra algo na internet, você está comprando uma oferta ou um produto?

Oferta é o que você compra, produto é o que você recebe.

E é sobre este conceito que eu quero compartilhar de modo mais aprofundado neste livro com você.

Também compartilho com você neste material o resultado de anos e anos de estudo e muito trabalho para provar que você não precisa ser um bom vendedor, marketeiro, um publicitário, guru, e até ser famoso, ter milhões de seguidores, etc... para vender... **VOCÊ SÓ PRECISA TER UMA BOA OFERTA!**

Espero que esta leitura abra sua mente, que destrave e revolucione e seus negócios.

PARTE 01

OS PILARES DE UMA OFERTA IRRESISTÍVEL

AS VEZES O PROBLEMA PODER ESTAR EM SUA OFERTA E NÃO EM SEU PRODUTO

Se você é um empresário ou um empreendedor e você tem um negócio, então para fazê-lo prospero você precisa vender. Não importa o que você ofereça, uma coisa é certa, você precisa vender!

Vendas é uma ciência exata, qualquer um pode aprender e se desenvolver e com isso se tornar um excelente vendedor. E eu sou prova viva disso!

E para você entender bem o conceito, você precisa partir da premissa de que seu cliente não deseja o seu produto, e se ele pudesse nem cogitaria em comprá-lo.

Me perdoe se eu frustrei suas expectativas, mas na realidade o seu cliente deseja é o benefício que o seu produto ou serviço proporciona.

Agora, vire essa chave em sua mente. Você precisa aprender a construir a ponte para aquilo que o seu cliente mais deseja. **O seu produto é ponte e não o destino**.

Você não vende porque o seu foco e esforço estão em tratar a sua ponte como o destino final e não como o meio para aquilo que eles mais querem.

Pareceu complicado? Então presta atenção.

Se você se sente bloqueado no seu processo de vendas, você está dando mais ênfase e foco em sua ponte (seu produto/serviço) do que no destino (benefício/resultado desejado pelo seu cliente).

Se você está neste momento divulgando algum produto ou serviço, eu vou pedir para que você faça uma pausa pegue essa informação e faça uma análise na forma como você tem anunciado seu produto ou serviço. Apenas verifique se o que você está ofertando.

Apenas observe e tire as suas conclusões... no decorrer deste livro eu vou te ensinar a identificar e desbloquear todos as barreiras que impedem você de vender.

OS DILEMAS BLOQUEADORES DE VENDAS

Você já se fez alguma dessas perguntas?

- Como vou vender sem ao menos ser ou ter uma marca conhecida no mercado e em minha área de atuação?

- Eu tenho poucos seguidores nas minhas redes sociais, acho que por isso não devo ofertar meu produto.

- Tenho o melhor produto ou serviço do meu mercado, mas como convencer as pessoas disso?

- Eu divulgo sempre, mas por que realizo poucas ou quase nenhuma venda?

- Eu já fui bom em vendas um dia, por que hoje eu não sou mais?

Bom, eu passei na pele por alguns desses dilemas a anos atrás.

Eu sempre me considerei um bom especialista, mas sempre que encontrava alguém que eu julgava ter menos conhecimento e menos experiência no mercado tendo mais resultado em seus negócios do que eu, me dava a sensação de que eu estava em algum caminho muito distante do sucesso.

Minha maior questão era: Como eu, com conhecimento e um produto tão bom nas mãos não consigo alavancar e ter resultados assim como os meus concorrentes? Como, mesmo eu tendo excelente produto e serviço eu não consigo convencer as pessoas a comprarem de mim? Onde estou errando?

Mas como todo bom empreendedor, eu nunca desisti até que um dia uma chave virou em minha mente, e daí para a frente tudo mudou.

Eu poderia falar aqui sobre os conceitos e fundamentos autoridade, gatilhos mentais, neurociência, mas nada disso funciona sem você ter uma **OFERTA**!

O meu objetivo aqui é te ensinar como você pode convencer as pessoas a comprarem seu produto através da construção de uma oferta, e ela precisa ser **IRRESTÍVEL**!

Uma Oferta só se torna Irresistível quando ela atinge em cheio as necessidades e a expectativa dos seus clientes.

Então, meu convite é que você abra a sua mente, e saiba que se você mudar a forma de pensar e agir em seu negócio, você irá virar o jogo e vai começar a ver os resultados.

"Você vira o jogo quando você começa a mudar a sua forma de pensar e agir em seu negócio"

VOCE SÓ PRECISA SER E TER

Tenho observado cada vez mais o *"efeito manada"* nas redes sociais. Hoje vale tudo por um like, seguidores, comentários etc.

As pessoas estão cada vez mais sendo medidas e avaliadas basicamente pelo número de seguidores e número de curtidas e não pelo conteúdo e a qualidade que esses conteúdos têm.

Ter muitos seguidores não é algo negativo, pelo contrário, mas isso não é tudo e nem sempre uma multidão de seguidores significa $$ a mais na sua conta.

Curtidas, likes, seguidores são excelentes para satisfazer nosso ego, mas a verdade é... infelizmente não são tudo na vida do seu negócio e ainda mais, no final do mês eles não ajudam a pagar as contas.

E com as novas mudanças, incluindo a retirada do número de likes do Instagram, faz com que as pessoas foquem ainda mais em conteúdo relevante ao invés de status e popularidade.

Então como a gente resolve tudo isso?

Simples, para isso basta você SER **ATRAENTE** para seu público e TER uma **OFERTA IRRESISTÍVEL** para impactar a vida deles.

Perceba, você não precisa ter muitos seguidores em suas redes sociais para vender, muito menos fama, e eu vou explicar no detalhe abaixo.

Então vamos lá!

ANTES DE TUDO, VOCE PRECISA SER ATRAENTE

Não, não estou falando aqui parecer chique e sofisticado.

Quando eu digo que você precisa ser atraente, estou dizendo que você precisa aprender a chamar a atenção do seu público.

Sim! Você precisa aprender a chamar a atenção através de uma necessidade, de uma promessa ou por alguma diferenciação.

Para ser atraente, você precisa saber gerar impacto. E como eu gero impacto?

Oferecendo algo novo e improvável que faça seu público sair da cadeira e tomar alguma ação.

"A venda acontece quando você mostra para o seu cliente que você conhece o seu problema e sabe como resolvê-lo".

Quer atrair a atenção no seu mercado? Quer atrair mais clientes para o seu negócio? Então comece a falar menos de você e do seu produto e comece a falar mais do problema que tira o sono do seu cliente e como você sabe resolvê-lo como ninguém.

Para ser atraente, você precisa aprender a se relacionar, compartilhar assuntos que interessam de verdade o seu público e aprender a falar a linguagem dele.

Para ser atraente você precisa estudar seu público, precisa se aprofundar em conhecer mais as suas dores e as suas necessidades, você precisa de fato conhecê-lo.

Então, compartilhe assuntos somente de real interesse, fale para eles sobre como você pode ajudar a resolver os problemas e apresente soluções antes de sair vendendo.

VOCÊ PRECISA APRENDER A COLOCAR O SEU

CLIENTE NO FOCO E NÃO SEU PRODUTO

Conforme falado anteriormente, não basta ter um bom produto ou serviço, você precisa aprender a chamar a atenção e se relacionar com o seu cliente.

O engajamento do público é a base que gera o faturamento dos negócios online. Quanto mais você consegue atrair e engajar seu público alvo, mais vendas você vai conseguir realizar.

No livro A Bíblia de Vendas do autor Jeffrey Gitomer e faz a seguinte citação:

*"Se toda as condições forem iguais, **as pessoas vão querer fazer negócio com amigos**. E se as condições NÃO forem tão iguais, **elas ainda vão querer fazer negócio com os amigos**."*

Se você quer vender mais, quer levar o seu negócio para o próximo nível, se você quer realmente se destacar na multidão de concorrentes? Então aprenda a se relacionar e engajar com seu público e com seus clientes.

Ser atraente é aprender a se relacionar, é aprender a ser empático, se colocar no lugar do seu cliente e aprender a falar sobre as suas necessidades e como ajudá-los a resolver os seus problemas.

Só existe uma forma de se ganhar dinheiro nesta Terra, e a única forma é através de pessoas.

E você ganha dinheiro ajudando as pessoas, resolvendo os problemas delas, não existe outra forma.

Se você acredita que tem um bom produto ou serviço nas mãos, agora você precisa aprender a fazer o seu cliente se apaixonar por ele também. Esta é a sua missão a partir de agora.

"Dê primeiro aquilo que as pessoas querem e assim elas darão aquilo que você quer".

VOCÊ PRECISA TER UMA OFERTA, E ELA PRECISA SER IRRESISTÍVEL

Bom, agora que você já aprendeu o que você precisa fazer para se tornar atraente, eu vou te explicar como você cria uma oferta.

Primeiramente vamos ao conceito principal: **A oferta não é o seu produto.**

Oferta é o componente que desperta o desejo de comprar o seu produto.

Note, você pode ter uma excelente oferta e um produto ruim ou vice-versa. E neste contexto você precisa aprender desde já a fazer esta diferenciação.

Sua oferta tem que ser nada mais nada menos do que apresentar algo que resolva o problema do seu público de uma forma inovadora, diferente e única.

E para fazer deste jeito você tem de aprender não só a vender o seu produto, mas sim implantar uma **GRANDE IDEIA**!

Sim, para você conseguir chamar a atenção do seu público de forma impactante, você tem que aprender a vender menos seu produto e começar a vender **IDEIAS**!

Agora veja, neste contexto eu não estou falando sobre uma ideia por trás do seu produto ou serviço. Eu não estou falando sobre o último lançamento da mais nova marca, do novo aplicativo revolucionário ou uma nova tecnologia disruptiva.

O que eu estou falando é muito superior a isto.

Qual é a grande ideia do seu negócio? O que tem de novo, inovador, de interessante, chamativo, único, precioso, raro, especial, moderno, revolucionário, cheiroso, discreto, acessível, inteligente etc.?

Veja, a qualidade da sua ideia vai determinar o sucesso de sua oferta. E isso é o que vai definir o quão bem irá converter seus prospectos em compradores.

Anote isso! Apenas a qualidade da sua ideia vai determinar se seu público vai ser impacto e se eles vão parar tudo o que estão fazendo e vão se engajar com a sua mensagem.

Isso faz sentido para você?

Resumo: SUA OFERTA PRECISA SER UMA GRANDE IDEIA

Sua oferta precisa ser nova, única, diferente, atraente, impactante e convincente.

Para você vender, você não precisa ter fama, milhares de seguidores, você precisa de uma boa oferta e essa oferta tem que ser uma Big Idea.

Big Idea é o conceito que remete a algo novo e inusitado, que chame a atenção do seu cliente de forma única e impactante.

Uma Big Idea é a base da sua oferta, que vai criar o diferencial e o apelo necessário para atrair a atenção e o desejo do seu cliente.

O QUE É FÁCIL DE ENTENDER, É FÁCIL DE VENDER

Sua oferta precisa ser simples no conceito e tem que ir direto a resolução do desejo e necessidade do seu cliente de forma diferenciada e atrativa.

Vou te explicar fazendo a seguinte analogia...

Imagine um cenário hipotético onde desafio é fazer você vender dois carros distintos, um dos carros é uma BMW novinha último modelo e o outro carro é um Fusca conservado modelo anos 80. O desafio será vender cada carro a 30 mil reais cada!

Agora me responda...

01 - Qual a dificuldade você terá em anunciar e vender um carro BMW no valor de 30 mil reais?

02 - E qual dificuldade você terá em vender um Fusca modelo anos 80 ao preço de 30 mil reais?

Logicamente o Fusca vai te dar muito mais trabalho não é

mesmo?

O que eu quero que você aprenda aqui é um conceito simples, porém poderoso: *quanto mais simples, impactante e atrativa for a sua oferta, menos trabalho você terá para vender para o seu cliente.*

Essa é a proposta deste livro, te ensinar como criar ofertas que gerem impacto e venda.

AS 10 REGRAS PARA A CONSTRUÇÃO DE UMA BIG IDEA

Agora chegamos nos pilares da construção de uma oferta e a partir de agora você vai aprender as dez regras que toda oferta precisa ter para se tornar irresistível para os seus clientes.

Cada regra é um componente importante que ajuda você avaliar, questionar e melhorar a sua oferta durante o seu processo de construção ou readequação em suas campanhas.

Regra #1: APRESENTE UMA PROMESSA

A raiz de uma grande ideia é ser audaz, ousada, revolucionária.

Antes de qualquer coisa, você precisa apresentar algo que seja uma promessa de transformação que pareça real e de fácil assimilação. Nos Estados Unidos, eles chamam isso de: **Promessa Primária**.

Veja bem, quando falo em promessa primária, eu não estou pontuando aqui sobre os diversos benefícios que o seu produto possui. Eu estou falando sobre grandes resultados, grandes transformações que o seu público realmente deseja alcançar.

Quando você for pensar em uma Promessa Primária pense em resultado final, alívio imediato, solução final, desejo realizado, etc.

A Promessa Primária é a grande promessa do seu negócio, além de grande, ela é ousada, real, e fácil de assimilar.

O que de fato você está oferendo para os seus clientes?

Sua Promessa precisa ser a principal coisa que o seu prospecto deseja.

Eles querem saber como suas vidas serão impactadas e transformadas através da sua mensagem.

A primeira regra então, você precisa ter muito bem claro e definido a Oferta Primária do seu produto ou serviço.

Atenção: Se você não consegue responder a esta pergunta, você não tem uma oferta, você tem apenas uma mensagem sobre o seu produto.

Então, o que você precisa fazer agora é descobrir e identificar qual o impacto e resultado que o seu produto ou serviço gera na vida do seu cliente. E não importa se você vende sapato, consultoria, produto digital, se você vende para indústria ou se seus clientes são empresas.

Seu produto/serviço é a ponte para o que os seus clientes querem, e você precisa identificar qual é a sua promessa forte e única que faz o seu cliente precisar dele.

Regra #2: SEJA ESPECÍFICO

Para criar uma Big Idea, sua promessa deve ser concreta e específica. Ela deve ser tangível.

Específica o suficiente para que o seu prospecto se enxergue nela.

Coisas vagas e genéricas não vendem. Coisas especificas sim!

Promessas vagas não geram credibilidade. Elas não são convincentes. Promessas específicas e tangíveis vendem, e vendem muito!

Abaixo vou citar alguns exemplos de ofertas específicas para públicos específicos:

Exemplo 01 - Aprenda como perder até 5 quilos em 1 semana antes do seu casamento – Curso para noivas que desejam usar o seu vestido de casamento sem culpa no seu casamento.

Exemplo 02 - Como conquistar mulheres asiáticas - Método de conquista para homens que tem apreço por mulheres orientais.

Exemplo 03 – Como criar peixe beta – Curso que ensina passo a passo como cuidar de peixes de aquário.

Esses são alguns dos exemplos que demonstram o poder de ser específico em sua oferta.

E mesmo que seu negócio atenda o público amplo, nada impede você criar campanhas customizadas para públicos específicos de clientes dentro do seu próprio negócio.

Regra #3: CONTE UMA HISTÓRIA

Toda Big Idea é baseada em uma storyline, ou seja, em uma história com começo, meio e fim.

Conte uma história baseada em descoberta... Assim como uma informação escondida em um velho livro, em uma conversa com um mentor, uma notícia avassaladora, uma descoberta científica ou coisa parecida.

Independentemente, você deve contar uma história que conduza até sua oferta.

Você sabe o porquê adoramos assistir filmes? Porque todo filme tem um roteiro, uma história para contar, com um começo, meio e fim.

Muitas informações desconectadas só vão gerar confusão para o seu público. Então, mantenha apenas uma mensagem, uma história, uma ação, um enredo.

Se você tem um website, crie essa experiência, de contar sobre a sua Big Ideia em formato de história, com uma sequência lógica de descoberta sobre o que realmente é importante sobre o seu negócio.

Não desperdice a oportunidade, conte como seu negócio nasceu, conte quais foram as circunstâncias, o que te levou a montar o seu negócio, porque você acredita nele etc.

Veja abaixo alguns exemplos de marcas facilmente encontradas nos supermercados que utilizam desta técnica.

De uma maneira bem simples e didática, a marca Suco do Bem incluiu nos rótulos dos sucos pequenos textos com uma breve história da origem de cada sabor vendido pela empresa. Dessa maneira, é possível proporcionar uma boa experiência ao cliente e fazer com que ele se sinta motivado a comprar os produtos da marca.

Outro exemplo é a Lola Cosméticos que utiliza o conceito de histórias para conversar com seu público alvo, divulgando seus valores e defendendo suas causas.

Regra #4: CONDUZA PARA UMA CONCLUSÃO

Toda Big Idea claramente leva seu público a uma conclusão, a um pensamento, uma crença.

Nunca leve seu público a pensar em duas ou três formas diferentes sobre a sua oferta.

Leve eles a pensarem somente em uma. Uma somente!

Parece simples, porém é primordial. Sua oferta precisa conduzir seu cliente ao que ele mais deseja através de um único caminho. Quanto mais alternativas você der, maiores serão as chances de ele travar e desistir de comprar de você.

O que eu sempre costumo dizer é o seguinte, toda vez que você apresenta a sua oferta e faz o seu cliente parar para pensar, você perdeu a venda.

Para conduzir a sua oferta a uma conclusão clara e específica, você precisa entender muito bem a real necessidade dos seus clientes, você precisa saber ao certo o que eles estão procurando e como estão procurando para encontrarem você e serem convencidos de que a sua oferta é a melhor opção de todo o mercado.

Regra #5: TOQUE UMA EMOÇÃO

Toda Big Idea estimula uma emoção primária.

Sua oferta deve ser cobiçada, desafiadora, estimuladora para tocar alguma emoção forte o suficiente.

Durante a sua divulgação, você pode estimular diversas emoções, mas você deve focar em apenas uma só emoção primária.

Qual é a emoção que sua oferta está despertando?
Qual é a emoção que o seu público sente quando eles estão frente a frente com a sua oferta, sua Big Idea?

Vou dar um exemplo clássico.

Você já viu aquelas filas enormes de pessoas loucas para comprar o próximo lançamento do iPhone?

Pois bem, quem participa desse tipo de evento tem um relacionamento profundo com a marca. Eles compram pela emoção e não pela razão.

E para quem é amante dos iPhones, iPads, iMacs sabe bem do que eu estou falando.

Quando você compra através da emoção, você toma sua decisão através de uma forte emoção e depois racionaliza como vai pagar aquilo.

Quando você compra através da razão, você pesquisa preço, vai atrás de ofertas, faz comparações de marcas e modelos e faz a compra baseado naquele produto com melhor custo x benefício.

Faz sentido?

Então, faça sua oferta tocar alguma emoção. Faça as pessoas comprarem pela emoção e destrave suas vendas de uma vez por todas. Descubra qual é essa emoção e explore ela em sua oferta.

Regra #6: DEVE SER ALGO NOVO E ÚNICO

Toda Big Idea é original, única.

É algo completamente diferente daquilo que o seu público já viu ou ouviu falar. Não deve ser nada parecido daquilo que ele já viu dos seus competidores, isso é crucial!

Sua oferta tem que soar como algo novo e inovador e você precisa investir tempo neste processo.

Lembre-se qualquer familiaridade ou semelhança com algum produto ou serviço qual seu cliente já tenha visto antes irá transmitir um imediato desinteresse. A qualquer sinal de similaridade com algo com que ele já viu antes, o que vai ocorrer em sua mente é categorizar a sua oferta juntamente com aquilo que imagina que seja igual e vai fechar as portas para você.

Então, a sua oferta não pode ser semelhante ou parecida com algo que o seu público já viu ou experimentou antes da sua concorrência.

Seu trabalho então é trazer algo novo, único e diferente para o seu negócio.

E frisando mais uma vez dentro desse nosso contexto de Big Ideia, eu não estou falando sobre um único, novo e diferente produto. **Eu estou falando sobre algo novo, único e diferente por trás da sua oferta!**

Fica uma dica importante, a grande questão aqui não se trata de trazer uma super inovação, não se trata de mudar radicalmente seu produto.

Por exemplo, você pode melhorar um processo padrão já aplicado, você pode colocar um ingrediente que nenhum concorrente tem, você pode até criar um método de como se fazer. **A novidade muitas vezes é reinventar no lugar onde todo mundo faz sempre a mesma coisa.**

Regra #7: DEVE SER ALGO OPORTUNO

Toda Big Idea traz um sentimento de uma oportunidade.

Envolve algo que está acontecendo agora e é relevante para seu público.

✓ Não é algo do passado.
✓ Não pode parecer como alguma coisa velha e antiquada.
✓ Deve ser sobre o aqui e o agora!

Sua oferta precisa resolver um problema urgente. Você precisa descobrir o que é que tira o sono do seu cliente e saber ofertar como uma oportunidade imediata.

Então, trate a sua oferta como algo novo, uma oportunidade única e que os benefícios estão disponíveis agora para eles.

Regra #8: ARREBATADOR

Toda Big Idea é cativante, é ousada e prende a atenção.

Ou seja, deve chocar e tirar eles da zona de conforto e não algo chato, maçante e sem objetividade.

Lembre-se sempre, seu público está sendo impactado diariamente por milhares de anúncios e campanhas de marketing. **A resposta é, você precisa se diferenciar ao ponto de se destacar no resto da multidão.**

Para você atrair a atenção deles você precisa fazer algo para chacoalhar a cabeça deles.

Uma tapinha nas costas não vai surtir efeito. Sua oferta, sua Big Idea tem que ser **marcante.**

Se torne um elefante branco, uma vaca roxa, um urso albino, a regra é **SE DIFERENCIAR DA MULTIDÃO.**

Regra #9: IMEDIATAMENTE COMPREENSÍVEL

Sua Big Idea deve ser algo que não faça seu cliente pensar.

Tem que ser algo fácil de ser entendido e compreendido. Deve gerar interesse instantâneo de tão simples.

Não deve ser algo complicado, profundo ou que requeira muita explicação. Se sua audiência necessita ler todo o contexto de sua oferta, com toda a certeza você está então fazendo isso errado!

Então, sua ideia precisa ser simples e falar a linguagem de sua audiência. Eles não devem pensar para entender.

Você precisa ser óbvio e ter uma mensagem clara com entendimento imediato de seu público.

E para chegar neste resultado, você precisa conhecer sua audiência e os seus clientes.

Você precisa praticar a empatia, se colocar no lugar dele, entender as suas dores, suas dificuldades, seus anseios e suas mais profundas necessidades.

Lembre-se sempre, simplicidade e clareza trazem confiança. O cérebro humano foi desenhado para acreditar mais em coisas simples do que nas complexas.

Então, mantenha suas ideias sempre simples. Pratique a empatia e sempre se certifique que a sua mensagem não está acima do nível da compreensão do seu público.

Regra #10: UMA COISA SÓ

A última regra, sua Big Idea deve ser baseada em uma única e poderosa ideia, não em um composto de ideais.

Uma única ideia.

O contrário disso é uma mensagem cheia de ruídos que enfraquecem a sua oferta.

Você precisa focar em uma única ideia, uma emoção, uma promessa, uma história e alguma coisa em que você quer que a sua audiência pense a respeito.

E esta coisa deve ser empoderada através da sua Promessa Primária, ou seja, sua grande promessa que resolve o problema da sua audiência.

A FÓRMULA DA BIG IDEA

No livro Todd Brown – *How To Find Your Big Marketing Idea* – ele apresenta sua fórmula para se criar e validar uma oferta, qual ele denomina de Big Idea Formula.

Basicamente ele resume todas as dez regras nesta única fórmula e compila a Big Idea conforme abaixo.

A fórmula é composta assim:

E.A. (P.P. + E.U.) + I.I. = Big Marketing Idea

Parece algo complicado, mas é mais simples do que você imagina.

Vamos então para a tradução dessa sopa de letrinhas:

E.A. = é a tradução para **Emocionalmente Atraente.**

Sua ideia é emocionalmente atraente quando é construído sobre uma Promessa Primária (P.P.) e quando essa promessa é entregue através de um Elemento Único (E.U.).

I.I. = é a tradução para **Intelectualmente Interessante**

Sua ideia é intelectualmente interessante quando ela atrai a curiosidade do seu público, dá a eles um sentimento de descoberta, e faz com que eles sintam como se eles dessem de frente com algo inovador.

Alguma coisa com que faça com que eles se sintam interessados em ouvir mais sobre, mesmo se não houvesse uma Promessa Primária (P.P.) ou um Elemento Único (E.U).

A PROMESSA PRIMÁRIA (P.P.)

A sua promessa primária é um dos elementos mais importantes

no seu anúncio.

É ela quem diz como a vida do seu prospecto irá ser transformada.

Lembre-se sempre, a coisa mais importante que seus prospectos querem saber é *"Como isso vai fazer minha vida se tornar melhor?"*.

Sua promessa primária tem que responder esta questão.

É sempre bom lembrar também que a sua Promessa Primária não é uma lista de benefícios que o seu produto possui.

Nós não estamos falando aqui de pequenos benefícios que o seu produto vai favorecer o seu cliente.

O que nós estamos falando aqui é de algo grande, uma espetacular promessa de mudança, de transformação, de resultados.

E para ser efetivo, sua promessa tem que ser forte, grande e audaciosa. Ela precisa ser excitante o suficiente para fazer o seu público querer aprofundar e aprender mais.

Também ela deve ser atraente o bastante para fazer com que eles gastem tempo vendo a quão valiosa é a sua oferta.

Contudo, sua Promessa Primária precisa ser completamente algo verdadeiro e simples de se acreditar. Lembre-se, nem sempre o que as pessoas acreditam é verdadeiro e nem sempre o verdadeiro é simples de se acreditar.

E para fazer a sua Promessa Primária parecer verdadeira, ela precisa ser específica e concreta.

Não deve ser vaga e muito menos genérica.

- ✓ *"Você vai se sentir melhor"*
- ✓ *"Você vai ficar rico"*
- ✓ *"Você será mais feliz"*

Estes são exemplos de promessas fracas.

"Você vai acordar todos os dias de manhã com energia e disposição, sem precisar usar o despertador". Este é um exemplo de uma promessa bastante específica.

O mesmo com: "Você vai fazer 5 mil reais extra todo mês", e "Você vai perder 1 quilo a cada 4 dias".

Quanto mais específico, mais forte se torna a sua promessa. As pessoas têm que enxergar a si mesmas em sua promessa.

E então, para você fazer a sua promessa parecer verdadeira, ela tem que ser comprovada.

Tem Que Ter Prova Social

Você precisa evidenciar e provar para tornar sua Promessa Primária verdadeira.

Se você diz que eles vão experimentar X, você precisa ter a prova que eles vão experimentar X.

Em um cenário ideal, sua promessa deveria endereçar um problema urgente que o seu público tem (que o seu produto resolve). Quanto mais urgente e significativo o problema, mais poderosa e valiosa a promessa se torna.

Quando seu público vir sua Promessa Primária, a reação deles deve ser... *"Isto era exatamente o que eu estava procurando. Isso muda tudo!"*.

Um Ponto Importante

Para que você entenda e consiga fazer este exercício, você precisa conhecer e se aprofundar na vida do seu público.

E para isso você precisa criar uma **persona** (um modelo do seu cliente ideal).

Você precisa conhecê-lo, precisa conversar com ele, você precisa fazer perguntas, entender o seu dia a dia, suas dores, seus problemas, seus sonhos, suas metas e seus objetivos.

Nada aqui vai funcionar se você não conhecer profundamente o seu público.

Você pode ser o melhor no que você faz, você pode ter o melhor produto ou serviço do seu mercado de atuação. Mas se você não investir tempo em conhecer e se relacionar com o seu público, você não vai chegar ao próximo nível no seu negócio.

ELEMENTO ÚNICO (E.U.)

O Elemento Único é a única peça, parte, componente, aspecto, processo ou sistema por traz do seu produto ou serviço que entrega a Promessa Primária para os seus prospects.

É aquilo que está contido no seu produto ou serviço que traz o resultado para o seu cliente.

A razão pela qual o seu produto funciona.

Um exemplo poderia ser uma única combinação de nutrientes em seu suplemento vitamínico que ajudar a baixar o colesterol em 30 pontos.

Uma receita única que faz com que seus bolos tão deliciosos que você não pare de receber mais pedidos.

Um novo sistema capaz de fazer com que você gaste 4 litros a menos de combustível no seu carro.

O Elemento Único é a parte única e especial do seu produto ou serviço responsável por cumprir e realizar a sua Promessa Primária.

Ter um elemento especial e único também previne que seu produto ou serviço seja visto como algo comum ou genérico, que funciona como as outras coisas semelhantes no mercado.

Até este ponto nós falamos sobre como a Big Idea é emocionalmente atraente, porque por traz dela há uma Promessa Primária, forte e que funciona através do seu Elemento Único.

No entanto existe três tipos de Elementos Únicos, não importa o tipo do produto ou serviço que você vende hoje.

O primeiro tipo de Elemento Único é o Elemento Exclusivo

Este tipo de Elemento Único é usado quando você tem uma única peça, um componente, um processo, aspecto ou sistemas por detrás do seu produto ou serviço. Quando você tem um algoritmo único no seu software ou mesmo quando você possui um ingrediente secreto em sua pizza.

Se você possui algo verdadeiramente único em seu produto ou serviço que gera resultado para os seus clientes, então você possui um Elemento Exclusivo para explorar em sua oferta.

E quando seu produto ou serviço não possuir este elemento é quando você pode usar um dos dois elementos restantes.

O segundo tipo de elemento é o Elemento Não Citado

O Elemento Não Citado é usado quando o elemento que gera valor para o seu produto ou serviço não é necessariamente único entre os seus competidores, mas se torna único para os seus prospectos porque nenhum dos seus concorrentes estão falando sobre isso.

Em outras palavras, não é exclusividade somente do seu produto ou serviço ter este elemento. Somente basta você estar divulgando este "detalhe" importante e não abordado no seu mercado.

O terceiro tipo de elemento é o Elemento Consagrado.

A ideia da palavra consagrado é transformar algo ordinário em extraordinário. Tornar aquilo que era até então comum em algo incomum e novo.

Vamos dizer por exemplo que você está vendendo suplemento de vitamina D. Bem, todos nós sabemos que esse tipo de produto é encontrado em qualquer tipo farmácia e lojas do gênero.

Mas vou compartilhar uma informação: Você sabia que a vitamina D é um dos mais importantes nutrientes tomados pelos astronautas quando eles estão no espaço? Isso mesmo!

Então, não poderíamos usar essa informação em nosso marketing talvez como.... "O Nutriente dos Astronautas".

Esse é um simples exemplo de como podemos transformar algo ordinário em extraordinário em nosso marketing.

Neste exemplo, nós demos o nome "O Nutriente dos Astronautas" para o elemento por detrás do produto que dá sentido no como e porque ele funciona.

INTELECTUALMENTE INTERESSANTE (I.I.)

Neste contexto, significa algo que seu público queira saber mais sobre o assunto, mesmo que não haja explicação da promessa ou do benefício.

Algo que gere muita curiosidade do seu público.

Intelectualmente Interessante significa algo que dá ao seu público um sentimento de descoberta.

É como se eles estivessem se deparando com algo que eles nunca viram ou ouviram falar na vida.

Isso faz o seu público pensar assim: *"Hum... Eu nunca pensei sobre isso. Eu nunca tinha visto dessa forma. Eu não sabia disso. Isso é incrível!"*

Para você ter uma Big Idea, você precisa ter um apelo emocional forte e lógico. Ela deve tocar tanto a mente quanto o coração do seu público.

Aprenda a mexer com os seus sentimentos e cativar o seu intelecto.

Ou seja:

Emocionalmente Atraente (Promessa Primária + Mecanismo Único) + Interesse Intelectual = Big Idea

PARTE 02

COMO VALIDAR A SUA OFERTA

Tenho Uma Excelente Ideia de Negócio! E Agora O Que Fazer? Por Onde Começar?

A grande maioria dos empreendedores com qual tenho relacionamento que tem uma ideia de negócio para lançar no mercado me relataram que estavam muito decepcionados, pois eles já haviam compraram diversos cursos, participaram de diversos eventos em diferentes formatos, já assistiram diversos tipos de vídeos e aulas na internet, mas mesmo assim continuavam travados e sem saber o que fazer e por onde começar no lançamento do seu negócio.

O problema não era falta, o problema era o excesso de informação que eles consumiam, que não os ajudam a dar o pontapé inicial, e assim conseguir colocar o seu negócio de fato a prova no mercado.

Lembrando o slogan de um antigo comercial da época dos anos oitenta... "Existem mil maneiras de preparar Neston". Era esse o sentimento que deixam as pessoas perdidas, sem saber ao certo o que fazer para vender seus produtos e serviços na internet, pois cada guru dava uma orientação diferente do que fazer.

O erro mais comum qual vejo todos os dias! As pessoas criam produtos e serviços e começam a fazer a sua divulgação de qualquer forma, sem uma estratégia implementada, sem uma linguagem adequada e sem a menor noção do tipo de público para qual eles estão realizando a sua propaganda e na maioria das vezes, a pressa pelo resultado imediato acaba gerando decepção, frustração e sentimento de fracasso.

Em termos de negócio, a pressa é a maior inimiga da perfeição.

Tudo o que começa errado, tem a tendência de terminar errado.

Você já deve ter ouvido diversas vezes essa frase não é mesmo?

Então, o maior erro da maioria dos empreendedores é o de não testar e validar a sua oferta antes de lançar seu produto/serviço no mercado e com isso gastar dinheiro considerável para tentar vender sem saber a sua demanda e sua expectativa mínima de vendas.

Nos dias atuais, o comportamento dos clientes mudou de forma expressiva! Eles estão cada vez mais seletivos, cada vez mais desconfiados, cada vez mais informados e não aceitam mais qualquer tipo de ofertas vazias e que não garantem seu resultado através de prova social, avaliações, garantias etc.

Então, para você começar certo, você precisa ter o produto certo para o público certo e saber lançar do jeito certo! E para isso, você precisa ter a clareza de qual é o motivo principal pelo qual as pessoas vão se interessar em comprar de você e não da sua concorrência.

Se o seu produto ou serviço, seja ele digital ou físico, não tiver concorrência, você precisa então descobrir qual o diferencial que ele apresenta e assim descobrir também o porquê ninguém pensou antes em algo semelhante à sua ideia inovadora. Você já parou para pensar sobre isso? Será que não enxergaram a oportunidade ou perceberam antes que não havia demanda suficiente para lançar no mercado?

Bem, o mais importante de tudo isso é que existe uma solução!

E eu vou apresentar aqui para você os cinco passos que você precisa seguir para testar e validar seu novo negócio, diminuindo ou até eliminando as chances de você falhar no lançamento do seu produto/serviço no mercado.

#02 – Como Testar e Validar a Oferta do Seu Negócio Na Internet.

PASSO 01 – Identifique quem é o seu público alvo para o seu negócio.

Todo negócio deve atender às necessidades específicas de um determinado público. Soluções genéricas não geram engajamento e interesse, a não ser que sejam alguma coisa de extrema necessidade pelo qual as pessoas não tenham outra alternativa pelo qual comprar.

Como você já aprendeu aqui, quanto mais específico você for em sua oferta, maior chances são de você obter mais resultado.

Logicamente alguns produtos/serviços são genéricos e atendem diversos públicos. Porém, quando seu negócio se enquadrar nesse modelo, mesmo assim é recomendado você definir um público específico como o seu cliente ideal, ou seja, o tipo específico de pessoas que estão muito mais propensas a comprar de você do que os demais.

Quando você especifica a sua oferta, você gera uma comunicação mais direcionada, mais clara e muito mais objetiva.

Então o seu trabalho nesta fase é analisar e identificar padrões de comportamento do seu público. O que eles gostam de fazer, o que desperta a vontade deles de comprar, em quais grupos eles estão inseridos, quais comportamentos eles têm em comum e etc.

Para ter uma oferta específica, você precisa mergulhar na vida do seu cliente e assim identificar o que se tornará algo específico para ele.

PASSO 02 – Pesquise a demanda para o tipo de produto/serviço para qual você está lançando no mercado.

Este passo é extremamente importante, pois é nele onde você vai identificar exatamente qual o tamanho médio do seu público no mercado, o que eles estão procurando na internet, como eles estão realizando esta procura, quais palavras eles estão utilizando nestas buscas e qual o volume de buscas que é realizado nos mecanismos de procura como o Google e Youtube, por exemplo.

Com essa pesquisa apurada, você define ao certo a verdadeira demanda para o seu tipo de produto ou serviço.

Sua ideia pode ser algo extremamente específico ou algo inovador e revolucionário. Porém se não houver demanda suficiente para sua oferta, dificilmente você irá conseguir escalar suas vendas.

Por isso, negligenciar este passo, é como pular de um precipício sem paraquedas.

Você Pode Usar o Google Para Identificar o Volume de Buscas Relacionadas ao Seu Mercado

O Google, de longe é o maior mecanismo de busca do mercado. E além de buscas, ele ainda fornece diversas ferramentas para ajudar você a validar a demanda de buscas, tendência de busca de determinado assunto por período, região etc.

Pesquisar e identificar o tamanho da demanda do seu mercado é obrigatório antes de avançar em qualquer outra iniciativa em seu negócio.

Mais à frente eu dou mais algumas dicas de como você pode realizar isso.

PASSO 03 – Encontre aonde o seu público está

Uma vez validado os passos 01 e 02, você deve então agora identificar, através de uma segmentação nas mídias sociais, onde o seu público se encontra, no que ele está interessado na internet, quais são os seus padrões de comportamento, que tipo de grupos e comunidades eles gostam de frequentar, qual tribo eles pertencem, qual sua faixa etária e etc.

De nada adianta você ter uma oferta irresistível, mas estiver oferecendo-a para o público errado. Ou seja, não adianta você ofertar um rodízio de carne para um público vegetariano. Ou seja, sua oferta precisa de um contexto.

Procure por grupos, por assuntos, hashtags e até comunidades gerenciadas por possíveis concorrentes no mercado.

Imagine que você é um pescador, e sua oferta é a sua isca.

O que você precisa fazer é jogar a sua isca no lugar certo para pescar o peixe.

É aqui no passo três onde você vai encontrar qual é o local adequado para você jogar a sua isca.

Passo 04 – Atraia e faça uma pesquisa com seu público alvo para entender suas reais necessidades

Nesta fase, antes de ofertar, é recomendado você realizar uma pesquisa com seu público e nela identificar as reais necessidades e motivos qual eles poderão vir a comprar de você.

Se eu pudesse resumir de forma simples o que é a essência de uma validação de oferta seria: "Pergunte o que as pessoas querem e entregue em sua oferta aquilo que elas responderam".

Ou seja, em sua pesquisa você deve formular perguntas que tragam a clareza necessária que você precisa para assim, saber ofertar da maneira certa.

Procure por perguntas abertas e seja informal, gere um ambiente que leve a uma conversa inicial.

Abaixo algumas sugestões de perguntas informais:

- Oi Fulano, me diga uma coisa, qual o seu momento atual?

- Entendi, e qual tem sido a sua maior dificuldade neste aspecto? (relacionado ao assunto)

- Certo, agora diz pra mim, qual meta você deseja atingir com tudo isso? (relacionado ao assunto)

- Legal, eu acredito que posso te ajudar então com essa questão, para isso deixa eu te perguntar, você precisa de ajuda?

As perguntas levam a uma reflexão e externaliza aquilo que realmente move as pessoas a comprarem.

Além de trazer muita clareza, você vai notar que, quanto mais a pessoa escrever em sua pesquisa, mais envolvida ela está com o assunto e muito mais propensa a comprar a solução de você.

Passo 05 – Entregue para seu público o que eles mais querem em forma de oferta do seu produto/serviço

Após a análise das respostas de sua pesquisa, você vai encontrar a motivação que desperta a necessidade de compra de cada pessoa que respondeu a pesquisa.

Então o que você precisa fazer agora é pegar o resumo daquilo que as pessoas responderam e apresentar isso em forma de oferta para eles.

Uma vez que a sua oferta está baseada nas necessidades e desejos dos seus clientes, a probabilidade de você fechar suas vendas é muito mais garantido.

O resumo de tudo isso é, você deve ajudar seus clientes a resolverem os seus problemas através da sua oferta. E quando você tem a clareza de que problema você está resolvendo, fica muito mais fácil oferecer a solução e a cura, faz sentido?

PARTE 03

OS 7 PASSOS PARA ATRAIR CLIENTES PARA O SEU NEGÓCIO

Os 7 Passos Para Atrair Contatos Qualificados Para o Seu Negócio

Para você aprender como você pode atrair as pessoas certas e qualificadas para o seu negócio, eu numerei abaixo os 7 passos mais importantes e relevantes que você deve levar em conta antes de criar qualquer ação de divulgação do seu negócio através da internet. Abaixo seguem eles:

PASSO 01 – Defina qual nicho do seu mercado você vai atrair na internet

Nichos são essencialmente necessidades não atendidas pelo mercado. Escolha um determinado grupo de pessoas cujas necessidades que você encontrou nos seus estudos que sejam muito específicas, assim você vai criar uma comunicação muito mais objetiva.

Lembre-se o pote de ouro, ou seja, as vendas estão nos segmentos do seu público.

PASSO 02 – Mire nas dores e os desejos desse público

Dentre o nicho escolhido, crie um personagem para identificar quem será o seu cliente ideal.

Dê a esse personagem um nome, idade, sexo, profissão etc. Uma vez esse personagem criado, identifique seus maiores sonhos, dores e desejos.

Pense neste personagem como seu cliente desejado. Você vai "olhar para ele" e vai descrever a sua maior dor e seu maior desejo e você também vai identificar o seu maior medo.

Com essas informações em mãos, você agora pode dar início ao próximo passo.

PASSO 03 – Crie uma oferta irresistível para o seu público alvo

Você só consegue criar uma oferta irresistível se de fato você conseguir entender as dores e os desejos mais profundos do seu público alvo com muita clareza. A definição de uma oferta irresistível é tudo aquilo que resolve o problema do seu público alvo de forma definitiva.

Pense no que esse personagem sonha em ser, pense o que ele pensa para o seu futuro, o que de fato é importante para ele, e assim por diante e assim crie uma comunicação que chame a atenção primeiramente para a sua necessidade.

PASSO 04 – Crie uma comunicação que atraia a atenção

Crie conteúdos que abordem sobre pequenas soluções que podem ajudar o seu público alvo a resolverem seus problemas. Seu público está navegando na internet buscando por conteúdos que atraiam a atenção deles, faça-os eles consumir este conteúdo através de você. Seja atrativo!

Você vai só vai conseguir atrair a atenção do seu público tão somente se você mostrar que conhece as suas dores e os seus desejos e assim, sabe como resolvê-los e até saná-los.

Então... para chamar a atenção... comece falando sobre eles... e não sobre você ou sobre o seu plano de negócios.

PASSO 05 – Entregue valor antes de fazer uma oferta

Ofereça algo, mesmo de forma gratuita para que que seu público enxergue valor em você antes de ver valor no negócio.

Compartilhe dicas, métodos passo a passo e pequenas soluções práticas, entregue muito valor através de conteúdos que gerem e demonstrem gratidão do seu público por você e pelo seu negócio.

Se mostre desprendido, gere empatia e mostre que você se importa!

PASSO 06 – Mostre para o seu público que você entende suas dores e desejos e sabe como resolvê-los

Conte sua história, fale sobre casos de sucesso, exemplifique como você resolveu o problema de seus clientes no passado.

Mostre para eles que você conhece os seus problemas e sabe como solucioná-los, que você conhece o caminho e que vai saber conduzi-lo até a sua "terra prometida". Enfim, crie empatia e assim você irá gerar uma legião de fãs.

Passo 07 – Tenha um sistema digital que te ajude a atrair novos clientes e que acelere os seus resultados!

Para ter sucesso na internet, você vai precisar de um sistema inteligente, que trabalhe 24 horas por dia por você.

Após a sua oferta validada, você deve começar a otimizar ela. E você vai fazer isso utilizando ferramentas de automação de e-mail, ferramentas de criação de sites e conteúdo web e etc.

Para quem não tem familiaridade com ferramentas, este é o momento de pedir ajuda a uma agência ou profissional de marketing para te ajudar e apoiar agora você alavancar os seus resultados.

CONCLUSÃO

O meu objetivo aqui é trazer um insight, uma virada de chave em sua mentalidade, para ajudar a você tirar as travas que te impedem de quebrar as barreiras e as limitações que as vezes você mesmo coloca em seu negócio.

Eu não só acredito nesta fórmula como também a aplico em todos os meus negócios e em meus parceiros estratégicos.

Logicamente o assunto é bem mais profundo e levaria mais umas quatrocentas páginas para abordar tudo, mas a minha principal proposta aqui é somente acender uma luzinha em sua mente, para você poder colocar o seu negócio em ação e movimento.

Agora, se você deseja aprofundar neste assunto, eu quero te convidar agora mesmo para conhecer o meu mais novo **Curso Online Método Unlock**.

Ele é um curso que complementa e reforça as lições aprendidas neste livro de maneira prática, passo a passo e ainda vai te ajudar a destravar suas vendas com a minha ajuda em um grupo secreto de alunos, que tal?

E só por você ter adquirido este livro e ter chegado até aqui você já ganhou um super e enorme desconto!!!

Aprenda na Prática Como Criar

Uma Oferta Irresistível e
DESTRAVE SUAS VENDAS ONLINE

TREINAMENTO ONLINE + MENTORIA:
E eu ainda vou te ajudar a validar a sua oferta dentro do nosso grupo secreto de alunos

Acesse e ganhe 70% de desconto **http://leandromes-quita.com/metodo-unlock-curso-online**

Como Bônus, Veja um Trecho de

Uma Vídeo Aula de Introdução do Curso Método Unlock

Basta Clicar no Vídeo Abaixo

SOBRE O AUTOR

Leandro Mesquita é reconhecido por ser um consultor e estrategista nato de vendas online, atuando em empresas interessadas em alavancar seus negócios no mercado digital.

Atuação

Empresas de pequeno e médio porte interessadas em performar seus resultados no mercado digital, procuram o consultor Leandro Mesquita para os ajudarem a criar um modelo de negócio sustentável através do marketing digital, para assim alavancarem suas vendas.

A bagagem:

Atuando no mercado ao lado de empresários renomados, Leandro ajuda a melhorar a performance de negócios dos mais variados nichos através do mundo digital, com planejamento estratégico e a implementação de gestão de vendas.

Reputação:

Conhecido no mercado como impecável estrategista de negócios,

Leandro mesquita tem realizado um trabalho de evangelista e consultor em marketing digital para empresas de todo o Brasil.

Contatos

Email: contato@leadromesquita.com

Instagram: @leandromesquita.me